Sojourner Truth

Un camino a la libertad

Debra J. Housel

Asesor

Glenn Manns, M.A.
Coordinador del programa de enseñanza de Historia de los Estados Unidos en la Cooperativa Educativa de Ohio Valley

Créditos

Dona Herweck Rice, *Gerente de redacción*; Lee Aucoin, *Directora creativa*; Conni Medina, M.A.Ed., *Directora editorial*; Katie Das, *Editora asociada*; Neri Garcia, *Diseñador principal*; Stephanie Reid, *Investigadora fotográfica*; Rachelle Cracchiolo, M.S.Ed., *Editora comercial*

Teacher Created Materials

5301 Oceanus Drive
Huntington Beach, CA 92649-1030
http://www.tcmpub.com

ISBN 978-1-4333-2585-4

©2011 Teacher Created Materials, Inc.
Printed in China

Tabla de contenido

Una esclava joven

Sojourner Truth nació en 1797 en Nueva York. La llamaron Isabella Baumfree. Nació **esclava**. A los 9 años, la vendieron a un **amo**. Ella tuvo que dejar a sus padres.

Con frecuencia, los niños esclavos se vendían y se separaban de sus padres.

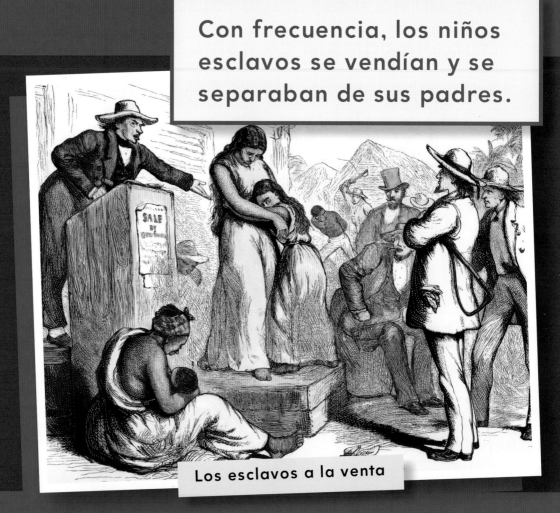

Los esclavos a la venta

Isabella de niña

Isabella hablaba holandés. Su nuevo amo hablaba inglés. Ella no le entendía. Entonces no hacía lo que él le ordenaba. Su amo le pegaba mucho. Finalmente, la vendió a un amo nuevo.

Una esclava enferma se cae.

Los esclavos recibían muy mal trato. No tenían manera de defenderse.

Isabella creció y llegó a medir seis pies de altura. Ella era fuerte. También trabajaba muy duro. A los 16 años, su amo la hizo casarse con un hombre llamado Thomas. Su amo quería que tuvieran hijos grandes y fuertes.

Isabella quería casarse con otro hombre, pero su amo no se lo permitió.

Isabella y Thomas el día de su boda

Isabella cuidó de muchos niños.

¡Libertad!

En 1827, el estado de Nueva York acabó con la esclavitud. El amo de Isabella le prometió que la liberaría temprano. Pero luego cambió de idea. Así que Isabella se fue. Fue a la casa de Isaac y Maria Van Wagener.

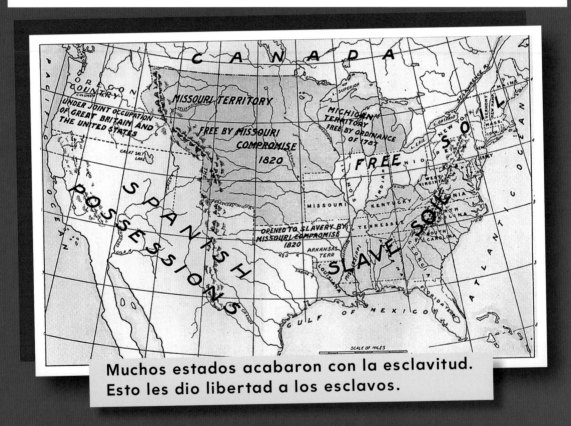

Muchos estados acabaron con la esclavitud. Esto les dio libertad a los esclavos.

Algunos esclavos se liberaron de la esclavitud.

El amo de Isabella la encontró. El señor Van Wagener le dio dinero para que la liberara. Isabella trabajó para los Van Wageners. Ellos la trataban bien. Le pagaban por su trabajo.

Dato curioso

Los Van Wageners le leyeron muchos libros a Isabella.

Los Van Wageners eran cuáqueros. Estaban en contra de la esclavitud.

Un grupo de cuáqueros rezan juntos.

Una visita a los tribunales

Isabella tuvo cinco hijos. Tres de ellos aún eran esclavos de su antiguo amo. El amo vendió a su hijo, Peter. Enviaron a Peter a otro estado. Eso era ilegal. Isabella acudió a los tribunales.

Con frecuencia, las familias de esclavos terminaban separadas.

En esa época, los jueces usaban pelucas en los tribunales.

Nunca antes una persona **afroamericana** había llevado a un hombre anglosajón a los tribunales. ¡Isabella ganó! Así, recuperó a Peter. Se lo llevó a la ciudad de Nueva York. Allí fue a la escuela.

En esta escuela enseñaban a niños y adultos. La mayoría de los esclavos no había tenido la oportunidad de ir a la escuela antes.

Dato curioso

Peter creció y se convirtió en marinero en un barco ballenero.

Un antiguo barco ballenero

Isabella cambia de nombre

En 1843, Isabella tuvo un sueño. En su sueño, Dios le pedía que dijera la verdad sobre la esclavitud. Luego se convertiría en **predicadora** ambulante. Cambió su nombre por Sojourner Truth. En inglés, Sojourner significa "**errante**".

La errante Isabella

Sojourner Truth

Sojourner tenía muy poco dinero. Caminó cerca de 100 millas hasta Massachusetts. Allí, se unió a un grupo de **abolicionistas**. Estas personas estaban en contra de la esclavitud. Sojourner dio **discursos** ante ellos.

Abolicionistas hablan en contra de la esclavitud.

El 28 de mayo de 1851, Sojourner dio su discurso más famoso en Ohio.

Sojourner está lista para hablar.

Multitudes iban a oír a Sojourner cuando hablaba. Daba sus discursos en tiendas de campaña. Una vez, un grupo de hombres trataron de prenderle fuego a la tienda. Ella empezó a cantar. Los hombres vieron su valentía. Ellos dejaron caer las antorchas.

Antorchas encendidas

La valentía de Sojourner detuvo a los hombres.

Sojourner cambia los Estados Unidos

En 1865, Sojourner se subió a un tranvía. Los afroamericanos no tenían permitido viajar en esos vehículos. El conductor del tranvía la golpeó. Sojourner se quedó en su sitio. Ella logró que la empresa de tranvías cambiara sus reglas.

Un viejo tranvía

Harriet Tubman

Al igual que Sojourner, Harriet y Frederick lucharon contra la esclavitud y por la igualdad.

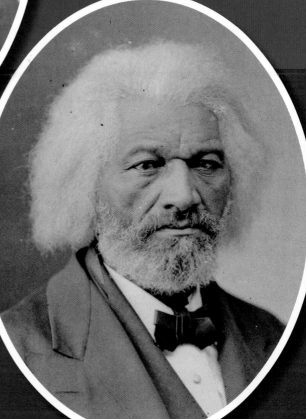

Frederick Douglass

Con frecuencia, Sojourner también hablaba sobre los derechos de las mujeres. Trabajó con **sufragistas** famosas. Este grupo intentaba obtener el derecho al voto para las mujeres. Sojourner quería que todas las personas recibieran el mismo trato. Trabajó mucho para conseguirlo. Sojourner murió en 1883.

Las sufragistas Susan B. Anthony, Elizabeth Cady Stanton y Lucretia Mott

Sojourner y el presidente Lincoln

1797	1827	1828
Isabella nace en Nueva York.	Los cuáqueros liberan a Isabella de la esclavitud al comprar su libertad.	Isabella acude a los tribunales para recuperar a su hijo.

tiempo

1843
Isabella se cambia el nombre por Sojourner Truth.

1851
Sojourner da su discurso más conocido.

1883
Sojourner muere a los 86 años.

Glosario

abolicionistas—personas que trabajan para acabar con leyes injustas, como la esclavitud

afroamericano(a)—persona nacida en el continente americano con familia que vino de África

amo—persona que tiene esclavos

conductor—persona que maneja un vehículo, como un tren o un tranvía

errante—persona que viaja de un lado a otro sin vivir en un lugar fijo

esclavo(a)—persona que pertenece a otra persona y que debe trabajar sin recibir dinero a cambio

predicador(a)—persona que habla sobre cosas importantes, como la religión y la igualdad

sufragistas—personas que trabajan para conseguir derechos para las mujeres

tranvía—vehículo que circula sobre rieles y lleva a las personas a través de las calles de una ciudad

Índice

Estadounidenses de hoy

Marian Wright Edelman es una abogada. Fue la primera mujer afroamericana en asociarse a un grupo de abogados en Mississippi. Marian trabaja mucho para conseguir igualdad para todos. Para ella, la educación es importante. Los programas que impulsa Marian ayudan a que los niños de los Estados Unidos prosperen. Una vez, Marian dijo, —Realmente puedes cambiar el mundo si te interesa lo suficiente—.